BEI GRIN MACHT SICH IHR
WISSEN BEZAHLT

AF137638

- Wir veröffentlichen Ihre Hausarbeit,
  Bachelor- und Masterarbeit

- Ihr eigenes eBook und Buch -
  weltweit in allen wichtigen Shops

- Verdienen Sie an jedem Verkauf

Jetzt bei www.GRIN.com hochladen
und kostenlos publizieren

GRIN

Stefanie Bratke

Das kummervolle Kuscheltier - Ein Bilderbuch über sexuellen Missbrauch

GRIN Verlag

Bibliografische Information der Deutschen Nationalbibliothek:

Die Deutsche Bibliothek verzeichnet diese Publikation in der Deutschen National-
bibliografie; detaillierte bibliografische Daten sind im Internet über http://dnb.d-
nb.de/ abrufbar.

Impressum:

Copyright © 2003 GRIN Verlag GmbH
Druck und Bindung: Books on Demand GmbH, Norderstedt Germany
ISBN: 978-3-640-31895-7

Dieses Buch bei GRIN:

http://www.grin.com/de/e-book/18477/das-kummervolle-kuscheltier-ein-bilderbuch-
ueber-sexuellen-missbrauch

GRIN - Your knowledge has value

Der GRIN Verlag publiziert seit 1998 wissenschaftliche Arbeiten von Studenten, Hochschullehrern und anderen Akademikern als eBook und gedrucktes Buch. Die Verlagswebsite www.grin.com ist die ideale Plattform zur Veröffentlichung von Hausarbeiten, Abschlussarbeiten, wissenschaftlichen Aufsätzen, Dissertationen und Fachbüchern.

Besuchen Sie uns im Internet:

http://www.grin.com/

http://www.facebook.com/grincom

http://www.twitter.com/grin_com

Das kummervolle Kuscheltier - Ein Bilderbuch über sexuellen Missbrauch

von

Stefanie Bratke

Ausarbeitung des Referates zum Kinderbuch:

Stefanie Bratke

Inhaltsangabe

1. Zum Buch

Text: Katrin Meier

Illustrationen: Anette Bley

„Das kummervolle Kuscheltier – Ein Bilderbuch über sexuellen Missbrauch"

Verlag: arsEdition

Ort: München

1. Auflage 1996

2. Gestaltung des Buches

Das Buch liegt im Hardcover vor und ist etwas kleiner als Din A4. Es besitzt 24 nicht nummerierte, bunt illustrierte Seiten, wobei sich meistens mehrere Bilder auf einer Doppelseite befinden. Auf jeder Doppelseite ist mindestens einmal Landolin abgebildet. Die verwendeten Farben sind den Stimmungen der Hauptpersonen angepasst. Zum Beispiel ist der Hintergrund bei Landolins Wutausbruch rot.

Es befinden sich auf jeder Doppelseite mindestens zwei kurze Texte. Teilweise, wenn mehrere Bilder auf einer Seite sind, besitzt jedes einen eigenen Text. Der Text besteht wenigstens aus einer Zeile und maximal aus 11 Zeilen. Dieser befindet sich entweder neben oder unter dem Bild. Teilweise befindet er sich auch zwischen zwei Bildern, wenn diese sich auf einer Seite befinden.

3. Inhaltsangabe

In dem Buch geht es um sexuellen Missbrauch von Kindern. Die Hauptthematik ist, dass Betroffene den Mut finden sollen, sich anderen anzuvertrauen.

Britt ist die Hauptfigur des Buches und wird von dem Lebensgefährten ihrer Mutter sexuell missbraucht. Den einzigen, den sie alle ihre
Geheimnisse anvertraut ist Landolin, ihr Kuscheltier. Landolin wird
in dem Buch personifiziert und fühlt genauso wie Britt. Er möchte ihr
gerne helfen, ist aber „nur" ein Kuscheltier. Eines Abends bricht die
Wut aus ihm heraus und er redet zu ihr, um ihr Mut zu machen, sich
jemanden anzuvertrauen. Gleichzeitig berät er mit ihr, wer dieser
jemand sein könnte. Sie entscheiden sich schließlich für die Nachbarin Frau Fröhlich, bei der sie öfters spielen. Diese ruft mit ihr bei einer Beratungsstelle in der Stadt an, die ihr helfen kann. Am Ende des
Buches sind Landolin und Britt wieder fröhlich.

4. Inhaltsanalyse

4.1.Figuren

4.1.1. Britt

Britt ist ein kleines Mädchen, das zwischen 3 und 6 Jahren alt ist und
noch in den Kindergarten geht. Sie lebt mit ihrer Mutter und deren
neuen Lebensgefährten in einer Wohnung. Ihr Lieblingskuscheltier
ist Landolin, mit dem sie alle ihre Geheimnisse teilt, sowohl die guten, als auch die schlechten. Sie ist eigentlich ein normales, fröhli-
ches Mädchen, das aber von dem Freund der Mutter sexuell missbraucht wird, was sie sehr traurig macht. Nachmittags geht sie öfters
zur Nachbarin Frau Fröhlich, mit der sie immer viel Spaß hat. An sie
wendet sie sich zum Schluss und erzählt ihr alles. Über ihren Vater
oder weitere Geschwister wird nichts gesagt.

4.1.2. „Landolin"

Landolin ist das Lieblingskuscheltier von Britt und wird in dem Buch
personifiziert. Ihm vertraut Britt alle Geheimnisse an, sowohl die gu-

ten wie auch die schlechten. Gleichzeitig ist er der ständige Begleiter von ihr und möchte ihr gerne helfen, da er es nicht mehr ertragen, sie so traurig zu sehen. Seine Stimmungslage ist meistens dieselbe wie die von Britt. Wenn sie traurig ist, ist auch er traurig und wenn sie fröhlich ist, ist er es auch.

In der Mitte des Buches bricht die Wut aus ihm heraus und er fängt auf märchenhafte Weise plötzlich an mit ihr zu sprechen. Hierbei verdeutlicht er ihr den Unterschied zwischen „guten" und „schlechten" Geheimnissen. Gemeinsam gehen sie danach zur Nachbarin Frau Fröhlich und erzählen ihr alles.

4.1.3. Frau Fröhlich

Frau Fröhlich ist eine Nachbarin von Britt und gleichzeitig eine gute Freundin von ihr. Sie besitzt ein Atelier und malt Bühnenbilder für das Theater. Nachmittags besucht Britt sie meistens, um zu spielen oder ihr bei der Arbeit zu helfen. Ihr Name spiegelt ihre Figur wieder. Sie ist immer fröhlich und Landolin und Britt haben immer viel Spaß bei ihr. Gegen Ende macht sie beide wieder fröhlich und gibt ihnen neue Hoffnung.

Am Ende des Buches geht Britt zu ihr und erzählt ihr alles. Frau Fröhlich glaubt ihr und weiß was zu tun ist. Sie ruft mit ihr bei einer Beratungsstelle in der Stadt an, die ihr helfen kann.

4.1.4. Mutter von Britt

Britts Mutter wird in dem Buch nicht weiter erwähnt. Man erfährt nur über sie, dass sie eine Tochter hat (Britt) und dass ihr neuer Lebensgefährte bei ihr eingezogen ist. Von dem Missbrauch bekommt sie selber nichts mit.

4.1.5. „Lebensgefährte"

Der neue Freund von Britts Mutter war anfangs sehr nett zu ihr und hat ihr immer Geschenke mitgebracht. Nachdem er aber bei ihnen eingezogen ist, hat er angefangen sie zu missbrauchen. Um sie dazu zu kriegen, niemanden was zu sagen, hat er ihr gesagt, dass er sie lieb hat und dass es ein Geheimnis zwischen ihnen bleiben soll.

4.2. Thematik

Die Thematik des Buches ist sexueller Missbrauch von Kindern und wie und wo sie Hilfe erhalten können. Durch das Buch sollen betroffene ermutigt werden, in so einem Fall nicht einfach nur zu schweigen, sondern Hilfe bei anderen zu suchen, auch wenn der Täter sagt, dass es ein Geheimnis zwischen ihnen bleiben soll.

Das Buch ist ziemlich real, da Missbrauch von Kindern in der eigenen Familie vorkommen kann. Meistens werden die Kinder so eingeschüchtert, dass sie sich nicht trauen, sich jemanden anzuvertrauen. Das Buch soll betroffenen Kindern Mut machen, Hilfe auch außerhalb der eigenen Familie zu suchen, da sie in ihr eher selten welche finden, wie auch in diesem Fall. Die Hilfe bekommt Britt erst von einer Außenstehenden, nämlich von der Nachbarin Frau Fröhlich.

Das einzige unrealistische, fast märchenhafte in dem Buch ist, dass das Kuscheltier Landolin personifiziert wird. Er wird als handelnde, denkende und mitfühlende Figur dargestellt. Als er es nicht mehr erträgt, dass Britt so traurig ist, fängt er an mit ihr zu sprechen und ihr Tipps zu geben, wie sie sich weiter verhalten soll.

4.3. Milieu

Das Milieu, in dem das Buch spielt ist das einer „Familie" mit Mutter, Tochter und neuen Lebensgefährten der Mutter. Es ist relativ bekannt, da es viele Familien gibt, wo ein Elternteil alleinerziehend ist und sich dann einen neuen Partner sucht, der dann auch bei ihnen einzieht.

4.4. Sozialverhalten

Der Lebensgefährte gebraucht sexuelle Gewalt Britt gegenüber, indem er sie mehrfach missbraucht. Gleichzeitig wendet er auch psychische Gewalt ihr gegenüber an, indem er ihr einredet, dass er sie lieb hat und es ihr Geheimnis ist und auch bleiben soll.

4.5. Handlungsführung

Zuerst werden die beiden Hauptfiguren Britt und Landolin vorgestellt. Es wird gesagt, dass beide gerne zusammen spielen und schmusen. Landolin ist Britts Lieblingskuscheltier. Als nächstes wird erzählt, dass beide gerne zu Frau Fröhlich, die Nachbarin, gehen. Bis zu dieser Stelle wird von glücklichen Momenten aus der Vergangenheit erzählt. Hier findet ein Bruch in der erzählten Zeit wie auch in der Stimmung der Figuren statt. Landolin ist an einem bestimmten Tag „heute" den ganzen Tag traurig, da seine Besitzerin auch so traurig ist und fast jeden Tag weint. Landolin ist ihr einziger Trost und sie trocknet immer ihre Tränen mit seinen langen Ohren. Britt teilt alle ihre Geheimnisse mit ihm, da er nur ein Kuscheltier ist und so kann er niemanden etwas erzählen. Die dunklen Geheimnisse machen ihm großen Kummer und er denkt darüber nach, wie er ihr helfen kann. Als Britt wieder zu ihm kommt, um ihm ein neues Geheimnis anvertraut, wird er wieder traurig.

Als nächstes findet ein inhaltlicher Bruch statt. Es wird erzählt, warum Britt immer weint. Zuerst war der neue Lebensgefährte immer recht nett zu Britt und hat ihr immer Geschenke mitgebracht. Dies hat sich aber geändert, als er bei ihnen eingezogen ist. Seit dem haben sie viele dunkle Geheimnisse miteinander. Britt hat Angst und ist allein, da er ihr verboten hat, mit jemanden über den Missbrauch zu reden. Einzig Landolin erzählt sie alles.

In der Mitte des Buches bricht die Wut aus Landolin heraus und er sagt ihr, dass es so nicht weitergehen kann und berät mit ihr, an wen sie sich wenden kann. Gemeinsam beschließen sie zu Frau Fröhlich zu gehen und ihr alles zu erzählen, was sie auch am nächsten Tag machen. Diese tröstet Britt und ruft mit ihr bei einer Beratungsstelle in der Stadt an, die ihr helfen kann.

4.6. Zeit und Ort der Handlung

Eine genaue Zeit oder einen genauen Ort der Handlung wird nicht näher bestimmt. Daher lässt sich das Geschehen auf jede beliebige Zeit und jeden beliebigen Ort übertragen. Gleichzeitig ist es leichter für betroffenen das Schicksal von Britt auf sich selber zu übertragen. Es wird verdeutlicht, dass es an jedem Ort und zu jeder Zeit geschehen könnte.

4.7. Zeit und Erzählform

Im ganzen Buch wird Präsens verwendet, auch wenn von vergangenen Sachen berichtet wird. Diese werden nur von Zeitwörtern wie „einmal", „manchmal" oder „dann" eingeleitet.

Erzählzeit und erzählte Zeit stimmen nicht über ein. Die erzählte Zeit ist viel länger und wird somit stark gerafft. Teilweise wird ein ganzer Tag in höchstens einer Minute erzählt.

4.8. Realitätsbezug

Das Buch entspricht zum größten Teil der Realität, obwohl auch einige märchenhafte Elemente darin vorkommen.

Märchenhaft ist es insoweit, dass Landolin Gedanken und Gefühle hat und anfängt mit Britt zu reden. Die anderen Geschehnisse kann man als real bezeichnen, da diese Situation im Prinzip in jeder Familie vorkommen könnte, obwohl es nicht sollte.

4.9. Vermitteltes Weltbild

Das Buch versucht ein Weltbild zu vermitteln, dass zeigt, dass hinter einer heilen Fassade ein schreckliches Geheimnis lauern kann und dass es als Außenstehender nicht leicht ist, hinter diese Fassade zu schauen. Deshalb merkt auch niemand, wie Britt sich wirklich fühlt. Sie muss den ersten Schritt tun, um die Fassade einzureißen und sich jemanden anvertrauen, bevor ihr geholfen werden kann.

5. Sprachanalyse

5.1.Schwierigkeitsgrad des Textes

Der Schwierigkeitsgrad des Buches ist sehr leicht. Eine Berechnung des LIX ergibt die Lesestufe 2. Somit wird das Buch als sehr leicht zulesen eingestuft, obwohl dies nichts über den inhaltlichen Schwierigkeitsgrad aussagt. Es werden einfache Wörter und einfache Sätze verwendet. Die Sätze sind überwiegend Hauptsätze. Falls doch Nebensätze verwendet werden, dienen diese nur zum besseren Verständnis und enthalten meist nur eine Erklärung.

Der Wortgebrauch beschränkt sich auf Verben, Substantive und Adjektive, die den meisten Kindern aus der Alltagssprache bekannt sein sollten. Fachbegriffe werden nicht verwendet.

Überwiegend handelt es sich um eine Erzählung, die von einem auktorialen Erzähler geschildert wird. Direkte Rede wird nur bei den Gedanken von Landolin und bei seinem Wutausbruch verwendet. Landolins Gedanken sind Monologe. Dialage gibt es nur am Ende des Buches, nachdem Britt Frau Fröhlich alles erzählt hat und sie dann fragt, was sie jetzt tun können.

5.2. Analyse einer Doppelseite (Fotokopie siehe Anhang)

Der gewählte Textausschnitt stammt direkt aus der Rede von Landolin, wo er versucht Britt den Unterschied zwischen „guten" und „schlechten" Geheimnissen zu erklären. Bei dem Text handelt es sich überwiegend um direkte Rede von Landolin, die nur von zwei Zeilen unterbrochen werden, in denen über Britt berichtet wird. Landolin erzählt, was der Mann mit ihr macht und setzt jeweils „Das willst du nicht. Das schmerzt dich sehr. Denn du bist kein Kuscheltier..." dahinter. Diese Wiederholungen sollen zeigen, dass das nicht in Ordnung ist und dass da etwas gänzlich schief läuft.

Bei den verwendeten Sätzen handelt es sich um kurze Hauptsätze, die einen Appell Charakter haben. Dieser Appell soll zeigen, dass es auch ihr Unterbewusstsein sein könnte, dass zu ihr spricht. Es soll die Ausdrücklichkeit des Gesagten unterstrichen werden, so dass der Leser leichter erkennt, wie ernst es Landolin damit ist.

Die Sätze sind einfach konstruiert. Sie bestehen aus Artikeln, Verben, Substantive und Adjektiven. Die Wortwahl wurde gut getroffen, da die Wörter jedem Kind bekannt sein sollten.

Der Text ist leicht zu lesen und für Kinder leicht zu verstehen, da er mit kindgerechter Sprache geschrieben worden ist. Das Buch ist vom Sprachgebrauch schon für den Kindergarten als Vorlesebuch geeignet.

6. Bildanalyse

6.1. Zur Illustratorin

Anette Bley hat nach dem Abschluss an einer Waldorfschule ein Studium von Aktzeichnung, Grafik und Malerei in den USA, Mannheim und München absolviert. Einen Abschluss hat sie als Meisterschülerin von Robin Page 1996 gemacht. 2002 hat sie einen weiteren Abschluss nach einer Ausbildung für aktives und spontanes Lernen auf der Basis der Montessori- Pädagogik am Institut für ganzheitliches Lernen gemacht.

Beruflich arbeitet sie als Illustratorin und Autorin von Kinder- und Jugendbüchern und als freie Bildhauerin. Weiter veranstaltet sie Workshops und Kurse zu den Themen Buchillustration und Aktzeichnung.

6.2. Gestaltung der Seiten

Unser erster Eindruck des Buches war, dass die Farben der Stimmung der Personen angepasst sind. Harte Konturen besitzen die Bilder nicht. Dennoch kann man alle Einzelheiten klar erkennen. Viel Liebe wurde auch in die Details gelegt, so hat Landolin meistens einen anderen Gesichtsausdruck, der seiner Stimmung angepasst ist.

Es tauchen immer wieder dieselben Spielsachen von Britt im Hintergrund auf. So taucht auf den meisten Bildern eine Puppe auf, die leichte Ähnlichkeit mit ihr hat. Mal sitzt sie einfach nur im Hintergrund, oder liegt halb im Bild und halb außerhalb, wie zum Beispiel als zum erstenmal darüber berichtet wird, dass Britt traurig ist. In diesem Bild liegt sie etwas verdreht mit leicht gespreizten Beinen. Ein anderes mal sitzt die Puppe bei dem Lebensgefährten nackt auf einem seiner Knie und Britt sitzt auf dem anderen.

Die Farben sind der Stimmung von Landolin und/oder Britt angepasst. Am Anfang sind alle noch glücklich und von den dunklen Geheimnissen kann man noch nichts erahnen. Hier werden helle und freundliche Farben verwendet. Ihr Zimmer wird hier noch in hellem Pastellgelb dargestellt, während es im Laufe des Buches immer wieder seine Farbe ändert und sich so der Situation anpasst.

Bis Seite 4 herrschen helle Farben vor. Die Bilder stellen erst Landolin und Britt vor und zeigen dann einige Sachen, die beiden Spaß machen. Ab Seite 4 aber merkt der Betrachter, dass irgendetwas nicht stimmt. Landolin, der bisher immer fröhlich dargestellt wurde, lässt (auf einem kleinen Bild) den Kopf und die Ohren hängen. Seine ganze Körperhaltung und sein Gesichtsausdruck zeigen, dass er traurig ist. Der Hintergrund in diesem Bild ist grau und trist.

Das nächste Bild befindet sich auf einer Doppelseite und ist in dunkelblau gehalten. Es stellt eine Szene in der Nacht dar, die gut die Gefühle von Britt und Landolin wiederspiegelt. Im Bildmittelpunkt befindet sich nichts. In der linken Ecke liegen einige Spielsachen von Britt. Unteranderem auch die oben erwähnte Puppe. Hier befindet sich auch die Tür, die einen Spalt offen zu stehen scheint. Britt und Landolin befinden sich in der rechten Ecke. Sie sitzen dort zusammengekauert und traurig. Ihre Blicke gehen ängstlich zur Tür, als ob sie erwarten, dass jeden Moment jemand hereinkommen könnte. Selbst die Farben von Landolin und Britt sind etwas dunkler als im Rest des Buches.

Auf der nächsten Doppelseite ist Britt nicht anwesend. Landolin sitzt am Fenster und es scheint, als ob er den Betrachter anschauen würde. Sein Gesichtsausdruck spiegelt Sorge und Nachdenklichkeit wieder. Die Farben des Zimmers sind nun grau-blau. Die Mutter befindet sich auch im Bild. Sie kehrt Britts Spielsachen in eine Ecke und trägt einen Teller aus dem Zimmer. Am Bett sitzt eine Clownspuppe, die sich selbstgemalte Bilder von Britt anschaut, die halb unter dem Bett liegen. Diese Bilder zeigen, wie Britt sich wirklich fühlt.

Das nächste Bild ist das dunkelste im ganzen Buch. Es ist in dunkelgrün bis schwarz gehalten. Im Mittelpunkt befinden sich Britt und Landolin. Britt weint und trocknet sich die Tränen mit Landolins Ohren. Der Gesichtsausdruck von Landolin ist mitfühlend und er macht eine tröstende Geste.

Die nächsten 3 Seiten zeigen verschiedene Bilder aus der Vergangenheit. Die beiden ersten zeigen, wie alles angefangen hat. Man sieht die Mutter, Britt und den neuen Freund. Zuerst nimmt er vorsichtig Kontakt zu ihr auf und es scheint so, als ob er sich vorstellen würde. Beim zweiten sind Britt und der Freund alleine. Er übergibt ihr ein Geschenk und sagt ihr irgendetwas. Die 4 folgenden Bilder zeigen den Missbrauch sehr detailliert. Man sieht, wie er sich vor ihr entblößt, wie er ihr den Finger auf den Mund legt, um zu zeigen, dass sie nichts sagen soll, und wie er im Bett liegt und versucht sie zu sich zu ziehen. Auf dem letzten Bild sitzt sie auf seinen Schoß. Sie hat keine Hose mehr an und er fasst ihr in den Schritt. Diese Bilder werden alle von Landolin „kommentiert". Unter jedem einzelnen sitzt er mit einer anderen Gestik und/oder Mimik. Beim ersten scheint er noch neugierig und interessiert, wobei er beim nächsten nachdenklicher und misstrauischer aussieht, als ob er der ganzen Sache nicht traut. Als der Freund sich entblößt, zeigt sich sein Entsetzen. Bei den beiden nächsten sieht er gleich aus, nur schaut er in verschiedenen Richtungen. Seine Ohren hat er vor seinem Körper verschränkt. Einmal in Höhe des Schrittes und dann in Höhe der Brust. Beim letzten scheint es so, als ob er versucht aus dem Buch herauszulaufen.

Auf der nächsten Seite läuft er wieder in das Buch hinein. Er kommt gerade rein und schaut noch einmal zurück. Der Hintergrund ist Rot und spiegelt seine Wut wieder, die auf diesen Seiten ausbricht. Hier sind Landolins Gefühle sehr detailgetreu dargestellt. Sie reichen von Trauer, wie hängende Ohren und traurige Augen bis Wut, wo er die Hände in die Seiten stemmt und die Zähne fletscht. Der Betrachter bekommt den Eindruck, das es sich um einen menschlichen Charakter handelt. In der rechten untere Ecke sitzen Landolin und Britt gemeinsam und umarmen sich. Er spendet ihr Trost.

Die nächsten beiden Doppelseiten zeigen den Unterschied zwischen „richtigen" Verhalten und „falschen" Verhalten. Auf dem ersten Bild kniet Britt und Landolin steht und hält sie im Arm. Es scheint, als ob sie sich gemeinsam die Bilder anschauen, die die Gegensätze zeigen (Fotokopie siehe Anhang). Es wird immer das Verhalten des Mannes im Hinblick auf Britt und das Verhalten von Britt im Hinblick auf Landolin gegenübergestellt. Man sieht den Mann im Bett, der versucht sie ins Bett zu ziehen. Ihre Hose ist offen und ihr Gesichtsausdruck spiegelt Abneigung und Angst wieder. Daneben ist ein Bild, wo Landolin und Britt im Bett mit einander kuscheln. Dem Bild, auf dem der Mann auf einem Stuhl sitzt und Britt auf dem Schoß hat, während er ihr in den Schritt fasst und sie keine Hose mehr an hat, wird das Bild gegenübergestellt, wo Britt Landolin an-(oder aus-) zieht. Auf beiden Bildern ist auch wieder die Puppe zusehen, die auf beiden nichts anhat. Bei dem „richtigen" Verhalten wird ihr Körper von einem Zipfel der Bettdecke verdeckt, während sie auf dem anderen Bild entkleidet neben dem Geschehen liegt. Auf dem Bild mit Landolin sieht Britt glücklich aus, während sie auf dem anderen so aussieht, als ob sie am liebsten davonlaufen möchte. Die letzen beiden Bilder auf der Seite zeigen erst ein Geheimnis, dass Britt mit Landolin hat, also ein gutes. Sie sitzen auf dem Boden und schauen in eine Kiste. Beide haben dem Betrachter den Rücken zugekehrt. Dieser kann nicht erkennen, um was es sich handelt. Auf dem anderen Bild sieht man wieder Britt mit dem Freund. Sie zieht sich gerade wieder die Hose hoch. Er kniet hinter ihr und legt ihr einen Finger auf den Mund, damit sie niemanden etwas sagt.

Die zweite Doppelseite stellt die guten und die schlechten Geheimnisse gegenüber. Die schlechten sind die, die der Mann mit ihr teilt und die guten sind die, die Landolin und Britt miteinander haben, wie zum Beispiel Kuchenbacken, Naschen oder Geschenke einpacken. Die nächste Seite rundet diese Gegenüberstellung ab. Landolin und Britt sitzen auf dem Bett und halten sich an den Händen. Gemeinsam schauen sie auf die anderen Bilder. Hier wird ihr Zimmer auch wieder etwas heller dargestellt, obwohl es immer noch nicht so strahlend wie am Anfang ist.

15

Die nächste Doppelseite zeigt Landolin und Britt in ihrem Zimmer. In der Tür steckt jetzt ein Schlüssel und davor steht ein Stuhl, so dass niemand reinkommen soll. Sie trägt einen Schlafanzug. Daraus lässt sich schließen, dass es Nacht ist. Auf dem Boden liegen verschiedene Bilder. Landolin hat eins in der Hand und Britt hat auch eins. Es scheint als ob sich beide miteinander über irgendetwas beraten würden. Britt hat ein Bild von sich und Frau Fröhlich in der Hand.

Weiter geht es mit einem Bild, wo Landolin und Britt nach jemanden gehen. Auf der selben Seite wird aufgelöst, wer dieser jemand ist, nämlich Frau Fröhlich. Frau Fröhlich und Britt sitzen auf dem Sofa. Britt hat Landolin ganz fest in die Arme geschlossen und scheint irgendetwas zu erzählen, während Frau Fröhlich zuhört. Der Hintergrund der folgenden Bilder ist in hellem Grün gehalten, da Britt ab hier wieder neue Hoffnung schöpft. Frau Fröhlich tröstet sie und trocknet ihre Tränen mit Landolins Ohren. Auf dem allerletzten Bild sind alle wieder glücklich.

6.3. Zusammenhang von Bild und Text

Der im Text beschriebene Missbrauch weicht vom Bildmaterial des Missbrauches ab. Das kann einerseits zu Verständnisfragen führen, die von betreuenden Personen einfühlsam erklärt werden sollten, andererseits wird dem Kind durch den Text keine Angst gemacht. Die bildnerische Gestaltung bezieht sich auf das Wesentliche, d.h. die Bilder können auch ohne Text verstanden werden. Durch die Auswahl der Farben kommt das Gefühlsleben von Britt und Landolin sehr gut zum Vorschein.

Beides, Text und Bilder könnten auch jeweils für sich alleine stehen. Die beschriebenen Gefühle werden gut in den Bildern umgesetzt. Teilweise sind die Bilder aber doch etwas heftig, da der Missbrauch doch recht detailliert dargestellt wird. Zum Beispiel kann man auf dem einen Bild einen Teil vom Penis sehen.

Einerseits sind die detaillierten Darstellungen recht gut, da sich betroffene Kinder darin wieder erkennen können. Ein Lesealter aufgrund der Bildanalyse zu bestimmen ist schwer. Einerseits wäre es ratsam, das Buch schon im Kindergarten zu benutzen, aber dafür sind einige Bilder zu heftig. Deshalb sollte es im Kindergarten nicht freizugänglich sein, sondern nur in kleinen Gruppen angeschaut werden.

7. Vermuteter Leserbezug

Das Buch soll Kinder aufklären über „gute" und „schlechte" Geheimnisse. Gleichzeitig wird verdeutlicht, dass jegliche Form von Missbrauch nicht richtig ist. Sie sollen ermutigt werden, ihr Schweigen über die „schlechten" Geheimnisse zubrechen.

Betroffene Kinder können sich gut mit dem Buch identifizieren. Nicht betroffenen Kindern könnte diese Thematik eher unrealistisch vorkommen, oder sie könnten Angst bekommen, dass ihnen so etwas auch geschehen könnte. Vorauszusagen ist aber, dass das Buch die meisten Kinder traurig und betroffen machen wird, da die Thematik tief unter die Haut geht.

8. Eigene Stellungnahme

Die Problematik des Buches ist recht heikel. In den meisten Kinder-/Bilderbüchern zur selben Thematik finden sich meist nur wage Andeutungen über sexuellen Missbrauch. Hier ist es gänzlich anders. Einerseits sind die Bilder sehr direkt und angsteinflößend, andererseits werden die Gefühle von Britt sehr deutlich dargestellt, so dass es deutlich wird, dass Britt dringend Hilfe braucht. Unserer Meinung nach ist das Buch sowohl für den Kindergarten als auch für die

Grundschule geeignet. Wir sind uns einig, dass das Buch nicht einfach für alle freizugänglich sein sollte, da es ansonsten eher schaden als helfen könnte. Es ist wichtig, dass die Thematik nach dem Lesen oder Anschauen nicht unbehandelt bleibt. Den Kindern muss die Gelegenheit gegeben werden, über das Buch oder gegebenenfalls auch über eigene Erfahrungen zu sprechen. Vielleicht ist es auch ratsam, dass Buch nicht in der ganzen Gruppe zu behandeln, sondern nur in Kleingruppen. Eventuell sollte es auch nur mit einzelnen Kindern behandelt werden, wenn die Vermutung nahe liegt, dass ein Missbrauch vorliegen könnte.

Was aber unbedingt verbessert werden müsste, ist die Tatsache, dass unter dem Text „Es gibt gute und schlechte Geheimnisse" über den Wörtern „gute Geheimnisse" Bilder vom Missbrauch und unter den Wörtern „schlechte Geheimnisse" Bilder vom Naschen und Geschenke verpacken abgebildet sind. Dies könnte eventuell falsch aufgefasst werden.

9. Anmerkung

Über die Autorin konnten wir leider nichts finden.

10. Verwendete Literatur

Meier, Katrin und **Bley**, Anette: *Das kummervolle Kuscheltier – Ein Bilderbuch über sexuellen Missbrauch.* München: arsEdition, 1996.